PERSONA

Un capolavoro di
Ingmar Bergman

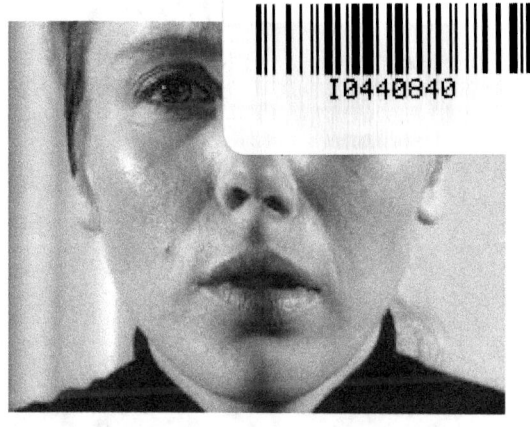

Saggio

Salvatore M. Ruggiero

PERSONA

(Titolo originale: *Persona*, 1966)

a tutte le... volpi, che casualmente,
vedono una maschera.

"*Credo che* Persona *sia profondamente legato alla mia attività di Direttore del Dramaten. L'esperienza era una fiamma ossidrica che determinava una specie di rapida maturazione. Essa concretizzava, in modo brutale e ovvio, il mio rapporto con la professione*".

(Ingmar Bergman, a proposito della genesi del film, dal suo libro-diario: *Immagini*).

PRESENTAZIONE

Se un'analisi degli altri due capolavori precedenti di Ingmar Bergman: *Il settimo sigillo* e *Il posto delle fragole* non potevamo che muovere dal concetto della *morte di Dio*[1], nel primo, e dalla necessità dell'uomo di emendarsi, nel secondo, l'analisi del film *Persona* deve necessariamente prendere il via dalla metafora della maschera, nella vita e nell'arte, e dal silenzio come rappresentazione assoluta della incomunicabilità. Temi, peraltro ricorrenti nel grande cinema di Ingmar Bergman[2].

Il titolo del film deriva, appunto, dal latino *dramatis persona*, terminologia usata comunemente per definire la maschera indossata dall'attore (e quindi dal personaggio) nel teatro romano

1 Nietzsche, *La gaia scienza*.
2 Basta pensare, ad es., a *Il volto* (*Ansiktet*, 1958)

5

antico. Espressione presa a prestito da Esopo, autore della famosa favola nella quale comparve per la prima volta la frase intera: *"Personam tragicam, forte vulpes viderat.[3]"*

Si tratta di un chiaro riferimento alla professione della protagonista del film, l'attrice Elisabeth Vogler interpretata da Liv Ullman.

Ma la parola *persona*, anzi la sua radice etimologica, si divide anche nelle due componenti più corte: *per* (eccesso) e *sona* (suoni), che significano anche la funzione della maschera teatrale, che era quella di aumentare la potenza del suono della voce dell'attore.

Tutto il contrario di quanto accade all'attrice afasica, mutacica che si chiama Elisabeth Vogler.

Vogler come il cognome del

---

3 *Una volpe aveva visto, per caso, una maschera tragica.*

protagonista de *Il Volto*[4], Albert Emanuel Vogler, l'illusionista, stranamente anch'egli chiuso in un enigmatico mutismo per buona parte di quel film.

L'infermiera, invece, si chiama Alma[5], (anima) come l'Alma de *L'ora del Lupo*[6], moglie del pittore Joan Borg[7], interpretata da Liv Ullman.

Il libro che il ragazzo legge nel prologo è il famoso romanzo di Lermontov[8]: *Un eroe dei nostri tempi*.

"Nel nostro mestiere spesso ci accorgiamo di destare attrazione finché siamo mascherati. Quando ci

4   *Ansiktet*, 1958.

5   Che può significare *anima* oppure *colei che nutre*.

6   *Vargtimmen*, 1968.

7   Identiche iniziali di Ingmar Bergman: è un caso?

8 Michail Jurevic Lermontov, (Mosca, 15 ottobre 1814 – Pjatigorsk, 27 luglio 1841. Poeta, drammaturgo, pittore russo. Figura di spicco del Romanticismo è considerato uno tra i maggiori scrittori del secolo XIX°.

vede alla luce delle nostre esibizioni e rappresentazioni, la gente crede di amarci. Ma se ci mostriamo senza maschera e, peggio ancora, se chiediamo denaro, siamo tramutati in men che niente. Sono solito dire che noi siamo noi stessi al cento per cento solo quando ci troviamo sul palcoscenico. Quando usciamo di scena, siamo ridotti a meno del trentacinque per cento.[9]"

Questa, *in nuce*, l'opinione dello stesso Bergman sull'arte, sulla recitazione, sul teatro, sugli attori e sulla maschera che essi metaforicamente indossano.

"...L'uomo, per sopravvivere, consapevolmente o inconsciamente indossa una maschera, allo scopo di coprire timori o fragilità di varia natura o per adattarsi a convenzioni sociali ritenute inderogabili.[10]"

---

9 Ingmar Bergman, *Immagini.*
10 Giovanni Invitto, *Fenomenologie e lessici del dubbio - Tra filosofia e altri saperi.*

E, a tale proposito, ci pare il caso di riportare, in questo contesto, quanto scritto sempre sul simbolo maschera dal critico cinematografico Massimo Maisetti:

"La maschera (n.d.A) è una sorta di travestimento che scinde la relazione tra l'essere e l'apparire e comporta fastidio e inquietudine quando con il passare degli anni se ne vorrebbe fare a meno.[11]"

E' lo stesso Inumar Bergman[12] a fornire un riassunto efficace della storia sulla quale il film si incentra: *"L'attrice Elisabeth Vogler* (Liv Ullman) *dopo una rappresentazione ha smesso di frequentare il mondo. E' ricoverata in ospedale. Non è malata[13], ma ha scelto il silenzio. Insieme alla sua infermiera,*

11 Massimo Maisetti, *Il volto, la maschera, il dubbio.*
12 Ingmar Bergman, *Immagini.*
13 La afasia o il mutismo, che nel suo caso sono elettivi, non vanno considerati malattia, avendo scelto lei coscientemente di non parlare.

Alma (Bibi Andersson), *abita in un isola. Le due donne, nel confrontarsi in diverse situazioni, si avvicinano sempre di più. Il gioco dello scambio delle situazioni diventa un gioco delle identità. Si avvicinano fino a compenetrarsi."[14]*

Il gioco, certamente intrigante ma drammatico e pericoloso, di compenetrazione di un personaggio in un altro è in atto: Alma tenta lentamente di scivolare in Elisabeth. Addirittura lo dichiara apertamente nel corso di una conversazione che una sera la impegna con l'attrice. Prima se lo chiede in un drammatico monologo: *"Si può essere un'altra persona nello stesso momento? Cioè puoi essere due persone contemporaneamente?"*

Poi lo dichiara apertamente, anche se ammantando la sua affermazione con

---

14 A significare tal compenetrazione, psico-fisica la famosa immagine delle due metà dei volti delle due protagoniste che si fondono in un unico volto.

la veste del gioco: *"Vorrei essere come te. Sai? Sai a che ho pensato quella sera dopo aver visto il tuo film. A casa mi sono guardata nello specchio e mi sono detta, le assomiglio io. No, non devi fraintendermi, tu sei molto più bella. Ma ci somigliamo. Credo che riuscirei anche a trasformarmi in te, sai voglio dire interiormente, se facessi uno sforzo. Ma saresti capace anche tu di trasformarti in me, vero? Però la tua anima è troppo grande e cercherebbe di evadere."*

Alma, forse, si rende conto della enormità appena proferita e, come per un eccesso di *metus reverentialis* cerca una rapida ritirata nel gioco verbale: pensa che la sua anima, sia più piccola, e che non possa contenere l'anima più grande di Elisabeth? Cosa intende per anima? E perché ritiene che l'anima di Elisabeth sia più grande della sua, se non addirittura superiore?

Elisabeth, comunque ha scelto di non parlare e di rimanere muta, come ha scelto di ascoltare i racconti e le confessioni di Alma, per quasi tutto il film. Pare che accenni, anzi, sembra allo spettatore che sussurri una frase compiuta solo quando Alma sta per addormentarsi sul tavolo dopo una lunga confessione: *"E' meglio che te ne vai a letto, altrimenti ti addormenti sul tavolo."* E Alma, sollevando la testa dal momentaneo torpore, ripete la frase integralmente e fedelmente come se l'avesse pensata lei, nel dormiveglia; come se l'avesse sognata[15]: *"Ma si, è meglio che me ne vada a letto, altrimenti mi addormento sul tavolo.*

Ma lo spettatore rimane nel dubbio: la prima frase è stata proferita davvero da Elisabeth?

---

15 Il sogno è un tema ricorrente nella filmografia di Ingmar Bergman: *"I sogni riescono a dirmi molte cose, non in senso freudiano, ma in senso totalmente umano."*

Sostanzialmente - per citare Pirandello altro drammaturgo che Ingmar Bergman conosce molto bene, e mutuarlo - si potrebbe dire che le due donne sono *due personaggi in cerca ...d'amore.*

Alma lo è certamente, perché ha alle spalle una storia di rapporti sessuali promiscui, anche selvaggi[16], che poi via via si è andata aggiustando, in una relazione stabile col suo attuale ragazzo[17], ma ha vissuto un altro momento davvero drammatico quando la sua gravidanza si è interrotta. Verso la fine del film si innamora quasi di Elisabeth. E' la stessa Elisabeth che lo dice, anzi lo scrive nella lettera

---

16 Alma confessa ad Elisabeth, con grande dovizia di particolari sessuali, l'esperienza erotica vissuta con due giovani sconosciuti su una spiaggia, assieme ad un'altra donna incontrata casualmente sul posto.

17 Alma confessa ad Elisabeth, che la sera, dopo l'episodio di amore di gruppo, torna a casa e fa l'amore col fidanzato: *" E mai, né prima né dopo, il nostro amplesso fu più bello!"*

indirizzata alla dottoressa che la cura e che, lasciata deliberatamente aperta, Alma curiosa finisce per leggere, non resistendo alla tentazione.

"...Credo che mi si sia molto affezionata, direi quasi innamorata in modo inconscio e incantevole."

Elisabettiano lo è, perché sembra arrivata a un punto morto della sua relazione matrimoniale; vuole allontanarsi da un marito che pare cinico ed egoista, probabilmente fedifrago e che la trascura; ha un lavoro che l'assorbe, ma la stanca anche, molto: per molto tempo ha trascurato colpevolmente i rapporti interpersonali e pare ascoltare piacevolmente i racconti della loquace infermiera, ai quali si abbandona curiosa e apparentemente molto interessata.

In una scena del film, il marito di Elisabeth, il signor Vogler, abbraccia

Alma: lo spettatore non capisce quanto involontariamente, vedendo sullo sfondo Elisabeth che assiste in silenzio; anche se per onestà bisogna dire che si è indotti a pensare che, l'uomo, nel buio della stanza, abbia effettivamente potuto confondere l'infermiera con la moglie. Fatto si è che Vogler si rivolge ad Alma come se fosse la moglie: *"Provo per te un affetto impensabile, un affetto senza fine."* Come si potrebbe rivolgere una frase tanto accorata ad una persona appena conosciuta? Alma, naturalmente, si sottrae alle *avance* dei Vogler e urla: *"Mandami via. E' tutta un'infamia. Sono gelida, corrotta, insensibile. In me non trovi che menzogna e inganno."*

L'accenno fatto prima al teatro di Pirandello, trattando qui di *Persona* di Bergman, è tutt'altro che peregrino. Quasi tutte le opere di Bergman, sono accomunate da una impietosa analisi dei tratti più caratteristici della personalità e dell'animo umano, da cui derivano la drammatica impossibilità per l'uomo di separare il vero dal falso, la ineluttabile incomunicabilità e la continua ricerca di uno spessore per la propria identità che superi la sottigliezza della *maschera* che soffoca e limita il suo essere individuo.

Ad accomunare Pirandello e Bergman sono: l'indagine esistenziale; l'esperienza della malattia mentale; il legame con un'isola[18]; il tema della vita autonoma dei personaggi, maschere, demoni o spettri che siano; l'immagine di una realtà mutevole in cui la personalità umana, priva di qualsiasi certezza e condizionata dalla relatività dell'apparenza e dell'essere, finisce per spezzettarsi inesorabilmente e per

---

18 La Sicilia dove Pirandello nacque e visse e Faro l'isola dove Bergman scelse di vivere per quarant'anni.

perdere ogni possibilità di relazionarsi col suo simile. Sono svariati, quindi, i punti di contatto tra l'*opera omnia* di Bergman e il teatro del Nobel italiano[19], ma nella tessitura di questo film ne emergono almeno due con forza e con assoluta chiarezza: *la teoria della crisi dell'io* e *il problema della incomunicabilità interpersonale.*

La meticolosa analisi dell'identità umana condotta da Pirandello, lo portò a formulare la teoria della *crisi dell'io.*

In un articolo del 1900, il drammaturgo scrisse qualcosa che oggi appare molto pertinente col film di Bergman che stiamo analizzando: *"Il nostro spirito consiste di frammenti, o meglio, di elementi distinti, più o meno in rapporto tra loro, i quali si possono disgregare e ricomporre in un nuovo aggregamento, così che ne risulti una*

---

19 Nel corso della sua lunga carriera di direttore artistico e di regista teatrale sono molte le opere di Pirandello che Bergman ha proposto nei suoi teatri.

nuova personalità, che pur fuori dalla coscienza dell'io normale, ha una propria coscienza a parte, indipendente, la quale si manifesta viva e in atto, oscurandosi la coscienza normale, o anche coesistendo con questa, nei casi di vero e proprio sdoppiamento dell'io."

Paradossalmente, il solo modo per recuperare la propria identità è la follia, tema centrale in molte opere pirandelliane, come l'*Enrico IV* o come *Il berretto a sonagli*, nel quale Pirandello inserisce addirittura una sua personale ricetta per gestire convenientemente la pazzia: *"...Dire sempre la verità, la nuda, cruda e tagliente verità, infischiandosene dei riguardi, delle maniere, delle ipocrisie e delle convenzioni sociali. Questo comportamento porterà presto all'isolamento da parte della società e, agli occhi degli altri, alla pazzia."*

C'è una scena nel film *Persona* nella quale Alma, rivolgendosi ad Elisabeth, pare mettere pedissequamente in pratica la ricetta pirandelliana: *"Tu fingi di essere sana, ma proprio in questo consiste la tua follia; io non posso credere alla tua santità, perché io so quanto tu sia corrotta."*[20]

E ancora, a proposito della incomunicabilità interpersonale[21], accertato che ogni individuo ha un proprio personale modo di vedere la realtà e dunque vede una propria verità, non può esistere una comunicazione generale, oggettiva e condivisa. Aspetto tipico della incomunicabilità è la produzione di una situazione di solitudine e di auto-esclusione da se stessi e dalla società, causate dalla crisi e dalla

---

20 Antonio Costa, *Ingmar Bergman: Persona, pag.96.*
21 Concetto magistralmente espresso da Pirandello nelle opere: *Uno, nessuno e centomila* e *Sei personaggi in cerca d'autore.*

frammentazione dell'*Io*, che finisce per creare innumerevoli e diversi *Io* discordanti ("*Il nostro spirito consiste di frammenti*"[22]) che, non solo non risolvono la frammentazione, ma portano, addirittura ad acuirla, convincendo il soggetto di... *essere nessuno*. Nella celeberrima *piece: Uno nessuno e centomila* questo fenomeno è spiegato sinteticamente come segue. Ognuno dei soggetti crede di essere: - *Uno:* perché è un individuo unico con caratteristiche particolari; - *Centomila:* perché ha, dietro la maschera, tante personalità quante sono le persone che lo giudicano; - *Nessuno:* perché, se l'individuo ha tante personalità quante le persone che lo giudicano, nella realtà non ne possiede alcuna; nel cambiamento incessante non è capace di fermarsi sul suo proprio vero *Io*.

---

22 Luigi Pirandello, *Uno nessuno e centomila.*

LA GENESI

Il film *Persona* nasce nei primi mesi del 1965. Ingmar Bergman aveva quarantacinque anni.

Ne aveva, invece, appena quarantadue nel 1962, quando fu nominato direttore del *Dramatiska Teatern*, il luogo culto del teatro svedese, il luogo che aveva reso famoso il teatro di August Strindberg, e che sarà retto dal Maestro per quasi 50 anni.

A 45 anni Ingmar Bergman concepisce prima il soggetto, poi la sceneggiatura del suo film più sperimentale e innovativo, ritenendo che esso sia strettamente connesso alla sua attività di Direttore.

Lo stesso Ingmar Bergman sottolinea lo spunto autobiografico che lo porta, in questi pochi frammenti, a immedesimarsi nelle caratteristiche delle due donne; ad individuare nel loro essere alcune sue qualità e difetti.

"...Si trattava di due giovani donne sedute su una spiaggia, con grandi cappelli, intente a paragonarsi le mani. ... Le due donne continuano a confrontarsi le mani. Un giorno scoprii che una di loro era muta come me. L'altra era loquace, premurosa e sollecita come me.[23] "

Il film è la storia, volutamente scarna ed essenziale, dei rapporti che due donne sono costrette a vivere quando una di loro subisce un attacco di afasia e l'altra le viene affiancata per fornirle assistenza paramedica.

La prima è un'attrice famosa ed affermata, che nel corso della rappresentazione del dramma di Sofocle, si tratta dell'*Elettra*[24], viene

---

23 Ingmar Bergman, *Lanterna magica*.
24 Nella tragedia di Sofocle Elettra è una donna determinata che porta a compimento la sua atroce vendetta, guidata dall'odio viscerale che nutre nei confronti di Egisto e Clitennestra.

colpita in scena, proprio sul palcoscenico, da uno strano malore: le manca d'improvviso la parola.

Si chiama Elisabet Vogler ed è interpretata da Liv Ullman.

L'altra è una giovane infermiera venticinquenne che, nella prima scena ...*regolare* del film, è convocata nello studio della direttrice della clinica[25] che le affida il compito di seguire e assistere a domicilio l'attrice malata.

Nel corso del film per un momento si rivoluzionano i rapporti, i ruoli si capovolgono.

Alma legge una lettera che avrebbe dovuto solo postare per conto di Elisabeth.

La lettera è indirizzata alla direttrice della clinica, in essa l'attrice rivela alla dottoressa che le piace ...*studiarla* (le piace studiare Alma, n.d.A.).

---

25 Interpretata da Margaretha Krook.

Ma, in un gioco di identità portato alle estreme conseguenze, le due donne si avvicinano fisicamente, al punto da compenetrarsi, fin quasi a fondersi l'una nell'altra.

E fino al punto da trarre in inganno, addirittura, il marito dell'attrice, che tenta un approccio con l'infermiera Alma scambiandola per la moglie Elisabeth.

Grandissima prova di abilità tecnica da parte del regista e del suo direttore delle luci.

Scrive Bergman nel suo libro-diario *Immagini*: *"Io e Sven Nyquist decidemmo di lasciare la metà del volto nel buio completo... insomma, non avrebbe dovuto esserci neppure una sfumatura di luce. Questo era inoltre un passo naturale a combinare, proprio nella fase del monologo, i mezzi volti illuminati in modo che si fondessero in un volto unico. La* *maggior parte delle persone ha, chi più e chi meno un lato migliore del volto. Le immagini dei volti di Liv (*Elisabeth Vogler, n.d.A.*) e di Bibi (*Alma, n.d.A.*) illuminati per metà, che poi noi unimmo insieme, mostrarono il lato peggiore di ciascuna di loro. Quando ebbi indietro la doppia copia del film dal laboratorio, pregai Liv e Bibi di venire nella stanza di montaggio. Bibi grida sorpresa: Ma Liv, come sembri strana! E Liv risponde: Ma sei tu, Bibi, che sembri veramente strana! Rifiutavano spontaneamente il loro mezzo volto meno bello.[26]*"

---

26 Ingmar Bergman, *Immagini.*

IL PROLOGO DEL FILM[27]

In precedenza non abbiamo parlato a caso di una ...*prima scena regolare* del film.

Perché, in effetti, il film si inizia in modo, diciamo così, ...*irregolare.*

Principia, infatti, con un lungo prologo, della durata di 6 minuti.

Che poi verrà riproposto fedelmente a metà del film e ancora una volta alla fine.

Con esso il Maestro ci ammonisce che stiamo per assistere ad una messinscena, ad una illusione, ad una finzione cinematografica, appunto. Prima dei titoli di testa un flusso di immagini e suoni sconnessi investe lo spettatore: una pellicola; un arco voltaico; il ronzio della proiezione; una luce abbagliante; *code*; *start*; fotogrammi isolati; un pene in erezione

_____
27 I sei minuti che cambiarono il cinema.

(che pochi in Italia hanno mai visto, perché censurato nella versione che circolò nel nostro paese); immagini capovolte.

Mano a mano che la proiezione prosegue, le immagini acquistano significato.

Sembrano, e potrebbero essere, tutte immagini prese da spezzoni di altri film già girati dallo stesso Bergman o da altri registi: fotogrammi di una comica di Melies; un orribile ragno[28]; un agnello sacrificale che viene sgozzato; una mano inchiodata alla croce; rumori di passi e di gocce d'acqua; un obitorio con una serie di cadaveri stesi sul marmo; squilli di telefono che provocano l'improvviso, improbabile risveglio del cadavere di una donna; un bambino che si sveglia,

---

28 Nel film *Come in uno specchio* (*Sasom i en spegel*, 1961) la protagonista Karin, afflitta da un male psichico, dice di vedere Dio che ha le sembianze di un grande ragno nero che vuole possederla.

si agita, tende una mano davanti a se, accarezza il volto di una donna, si alternano i volti delle due attrici del film: Liv Ullman e di Bibi Anderson.

Finalmente partono i titoli di testa.

E altri rapidi *flash* si alternano: il bambino; la madre; un bonzo che si da fuoco; un paesaggio marino.

Ma che significato hanno, se lo hanno (ma è ovvio che non possono esserne privi) i molteplici simboli che Ingmar Bergman inquadra nelle immagini del *Prologo* del film *Persona?*

Quali interpretazioni e quali indicazioni alla piena, esatta comprensione del film, può ricavarne lo spettatore?

E, soprattutto, in assenza di una interpretazione autentica dell'autore, qual'è l'interpretazione fornita dalla psichiatria e della psico-analisi moderne?

Abbiamo girato le nostre domande

legittime agli amici prof. Gaetano Deuscit e Dott.sa Giusi Polizzi, che, assai gentilmente, ci hanno fornito la loro spiegazione, manuale di psichiatria ...alla mano.

Contributo del Professor
GAETANO DEUSCIT

L'immagine del **ragno** è il collegamento agli strati più profondi dell'inconscio. Esso rappresenta un mondo psichico che ci è estraneo e sconosciuto al massimo. Il ragno è inoltre, un'immagine mandalica: la completezza dell'essere nella compiutezza dell'Universo; il collegamento col Mondo, con la divinità e con lo spirito.

Nel magma eruttivo e simbolico dell'inconscio, **l'agnello sacrificale** assume la ricomposizione degli opposti: conscio e inconscio; morte e vita; amico e nemico, che si risolvono in una nuova e luminosa unità: in un uomo nuovo. Il desiderio di una generica consapevolezza del fine ultimo dell'uomo e la profonda convinzione dell'incapacità a raggiungere tale conoscenza. Per vincere questa conflittualità quale migliore simbolo se non quello dell'agnello sacrificale? Ricorso archetipico ad un capro espiatorio: un nuovo agnello sacrificale (la morte della bestia sacrificata in cambio della conoscenza). L'immagine dell'agnello sacrificale è presente nel precedente film *Luci d'inverno*[29].

La **mano**[30] possiede potere di relazione, di contatto fisico con le persone. La mano inchiodata rappresenta una sofferenza dell'Io. Ritorna il tema simbolico della sofferenza e della coartazione dell'Io per avere l'opportunità dell'elevazione alla spiritualità, alla conoscenza. E' un sogno tipico di un soggetto con una

29 *Winter ligth*, 1962.
30 Antonius Block, protagonista de *Il settimo sigillo*: *"Questa è la mia mano, in essa pulsa il mio sangue ed io, Antonius Block, gioco a scacchi con la Morte."*

depressione psichica di grado elevato, bloccato nella psiche e con un Io coartato e conflittuale. C'è un bisogno inconscio di sofferenza associato ad espiazione ma, nel contempo una grande esigenza di spiritualità, di ricerca di divinità...

Il **paesaggio invernale** indica: distacco; freddezza dei sensi; lontananza dalle miserie umane; glacialità. Il paesaggio invernale di cui si parla è molto simile a quello inquadrato nei pressi della chiesa del pastore Tore, nel precedente film *Luci d'inverno*[31].

La **cancellata** e il **muro** rappresentano, nel simbolismo dei sogni, molto di più di una semplice recinzione o barriera che divide due spazi. Essi esprimono il valore simbolico di una soglia da superare. Una fase di passaggio-accesso segreto ad un mondo proibito.

---

31 *Winter ligth*, 1962. (Già citato)

Un passaggio aperto e transitabile tra due mondi antitetici. Tuttavia, anche un percorso difficile per l'equilibrio e per la crescita interiore.

L'**obitorio** è, indiscutibilmente, un'immagine di morte, ma anche di rinascita. Tema caro a Bergman che lo tratta ne *Il posto delle fragole*[32]. Isak Borg muore ma rinasce a nuova vita.

Lo stesso Isak Borg, paradossalmente, è morto da vivo; è più vivo da morto[33].

La visione, nel sogno, di un obitorio evoca ansie e angosce profonde ed irrazionali.

Sognare **cadaveri**, deposti su un letto di marmo significa il riaffiorare alla luce di un segreto, di qualcosa per cui il sognatore si sente in colpa.

L'inconscio libera i suoi segreti più

---

32 *Smulltronstallet*, 1957, già oggetto di una precedente monografia dello stesso autore: *Il posto delle fragole – Un capolavoro di Ingmar Bergman*, di Salvatore M. Ruggiero.

33 Isak Borg: *"Sono morto pur essendo vivo!"*

reconditi attraverso sogni di inaudita crudezza. Volti e corpi sono immagini del passato, dell'infanzia che l'inconscio ripropone confusi e a pezzi. Grande nostalgia[34] e desiderio di recuperare le parti infantili che hanno caratterizzato le radici familiari e personali.

---

34 La *nostalgia* (parola composta dal greco νόστος (ritorno) e ἄλγος (dolore): *dolore del ritorno*) è uno stato psicologico di tristezza e di rimpianto per la lontananza da persone o luoghi cari o per un evento collocato nel passato che si vorrebbe rivivere, spesso ricordato in modo idealizzato.

Contributo della Dottoressa
GIUSI POLIZZI

Lo stupore in cui ci gettano i film di Ingmar Bergman è ormai assai noto. Così come l'impossibilità di dare senso a tutti gli aspetti e alle immagini che suscitano simboli.

La difficoltà verso cui il Maestro ci spinge, è quella infatti d'interpretare il suo pensiero e trarne significati: questa interpretazione, alla fine, viene sempre e comunque lasciata allo spettatore.

E' compito del film *Persona*, così come degli altri film di Bergman, di entrare nell'universo simbolico di ognuno attraverso processi di identificazione.

Ed è proprio la *"identificazione transferale"*[35] (accadimento frequente

---

35 Si tratta della identificazione del paziente con l'analista. Le cause, svariate, vanno dal tentativo di fronteggiare la paura nei confronti del terapeuta al desiderio di creare con lui una maggiore intimità.

nelle relazioni) il tema del film.

Le immagini del prologo rimandano attraverso il loro ermetismo imperturbabile, alla ricerca della identità.

Dalla cinepresa, che ha come compito la penetrazione nell'anima dei suoi soggetti, al riavvicinamento quasi cruento nelle sue pieghe e ferite.

La **lana** e l'occhio dell'**agnello sacrificale**, i **chiodi** inflitti nelle mani, il freddo **paesaggio invernale**, il **lenzuolo** troppo corto per poter coprire, indicano, seppur nella loro apparente incoerenza, le varie parti - spesso ma solo a uno sguardo superficiale - in contraddizione, di cui è composta la psiche.

Ma su tutto impera il senso di solitudine e di finitudine dell'esistenza: donne e uomini immobili su letti che rimandano all'**obitorio**.

Finitudine e solitudine sembrano

essere il tema che si accompagna alla formazione e ricerca dell'identità, ove la scena finale del *Prologo* diviene il *trait d'union* con tutto il resto, tanto da essere ripreso poi alla fine.

Un **bambino** (attenzione, il volto è molto somigliante a quello di Liv Ullman al punto da indurre a pensare che si tratti della stessa persona solo con età diverse), non riesce a dormire perché ha il lenzuolo troppo corto.

E se la coperta è troppo corta non rimane che leggere, come se la conoscenza potesse: sia compensare una mancanza che, al contempo, dare un senso al vuoto dell'identità che viene ricercata attraverso l'accarezzamento del volto femminile.

La necessità sopravvivenziale dell'identificazione nell'altro (in questo caso il rimando alla identificazione materna è d'uopo) viene dipanata in tutta la pellicola, fino alle estreme e dannose conseguenze.

La vampirizzazione che l'infermiera compie sull'attrice fino a diventare l'altra, necessita alla fine di una separazione.

Se necessaria è l'identificazione con le figure genitoriali nella prima fase della crescita, successivamente necessaria, non più per sopravvivere, bensì per vivere, diviene la separazione.

LA RECENSIONE DI
ALBERTO MORAVIA

L'opera di Bergman fu recensita anche da Alberto Moravia.

Lo scrittore romano ne esaltò la profondità interpretativa su vari livelli, individuando e codificando quattro diverse chiavi di lettura:

1) Psicologico-realistica: riguarderebbe la storia di un amore omosessuale non corrisposto tra una personalità debole (che ama, l'infermiera Alma) e una personalità forte (che, invece, non ama, l'attrice Elisabeth Vogler);

2) Ideologico-simbolica: ideata secondo un'ottica specificatamente moraviana, si presta alla rappresentazione di una civiltà occidentale alienata e in crisi di valori e d'identità che, a seconda dell'individuo preso in considerazione, recita una parte insensata oppure,

addirittura, recita ....tacendo;

3) Filosofica: Moravia si ispira a Kierkegaard[36] per quanto riguarda il discorso sul senso di responsabilità etica, sul senso di colpa, sull'angoscia e sulla disperazione ontologiche;

4) Sociologica: Ingmar Bergman, regista di estrazione borghese, analizza impietosamente le conseguenze sociali delle caste e delle classi, che si intersecano, attraverso i vari personaggi, senza peraltro ricercarne le cause incidentali.

Alberto Moravia non mancò, comunque, di criticare il film per alcuni aspetti particolari.

Secondo lo scrittore romano, che accusò Bergman di eccessivo manierismo, l'accentuata freddezza documentaristica del film deriva dal fatto che tutte le chiavi di lettura

---

36 Per l'apprendimento di tali tematiche si consiglia la lettura dei testi: *AUT-AUT* e *La malattia mortale*.

coesistano tra loro in maniera chiara e distinta: in tal modo la poesia dai molteplici risvolti che Bergman cerca di trasmettere perde di istintività ed ambiguità, per divenire pura applicazione di maniera.

Proprio da questa osservazione nasce la sua personale idea che il film dia i suoi maggiori risultati nelle rare sequenze non parlate, nelle quali Bergman sembra restituire un significato misterioso e profondo al dramma interiore dei personaggi.

LA PIU' FORTE DI STRINDBERG; *PERSONA* DI BERGMAN: ANALOGIE TRA DUE DRAMMI BORGHESI

Chi ama profondamente e, altrettanto profondamente, conosce il cinema di Ingmar Bergman ed, in modo particolare il suo film: *Persona*, non potrà non scorgere le forti somiglianze con un dramma di Strindberg, datato 1889: *La più forte*.

Si può, addirittura, dire, e molti critici lo hanno fatto *apertis verbis*, che Il Bergman di *Persona* incontra lo Strindberg de *La più forte*, al punto da rilevare facilmente come il film di Bergman (successivo) abbia molti punti in comune con il dramma borghese di August Strindberg (precedente).

E si può anche aggiungere che il problema della *incomunicabilità* e del *silenzio* di Strindberg incrocino la loro strada con le corrispettive problematiche elaborate nel cinema di Bergman.

Quando Ingmar Bergman spiegò il soggetto di *Persona*, lo riassunse in questi termini:

"*E' un film su una persona che parla e su una che non parla, e si confrontano le mani e si mescolano l'una con l'altra.*[37]"

Kenne Fant, che era allora Presidente dello *Svenska Filminstitutet*, con una notevole dose di comicità involontaria, replicò: "...*Non dovrebbe essere un film molto costoso!*".

Il film, in buona sostanza, è la ricerca delle caratteristiche che legano una coppia di donne (protagoniste anche della *piece* strindberghiana), di cui una è silenziosa e la seconda è alla continua ricerca della verità nell'altra.

---

37 Ingmar Bergman, *Lanterna magica*.

Persona è una pellicola, molto sottile e complessa, oltre che su quelli già accennati, anche sul tema dell'identità di genere e sui ruoli che sono assegnati alla donna dalla società.

Non è una coincidenza che una delle due donne sia un attrice, colta in un eterno attimo di smarrimento proprio mentre interpreta il ruolo di *Elettra*.

E anche *La più forte* è basata sullo stesso principio: una donna parla e una ascolta, o meglio, risponde con espressioni non verbali.

La domanda retorica su quale delle due donne di *Persona* sia la .....*più forte* è in realtà destinata a restare senza risposta.

Ma si sa bene che Ingmar Bergman si interroga, si pone delle domande, ma non a tutte le domande da delle risposte; non a tutte risponde.

Non per tutti i quesiti ha o, meglio, da una risposta.

In estrema sintesi non è un apologeta.

E come tale, non a tutti i problemi offre una soluzione.

C'è però qualcosa di più profondo, un sotto-testo impalpabile e inafferrabile, una sorta di enciclopedia di poche parole sul significato di genere dell'essere donna.

Quella che la donna silenziosa e la donna preda di una specie di impeto moralizzatore sembrano suggerire sono gli estremi di un pendolo.

Da una parte la rinuncia di sé in favore di un ruolo che può dare una facile felicità domestica; dall'altra il vuoto della ribellione alla maschera, che può dare la libertà del volo ma anche il precipizio di una caduta rovinosa. Due estremi che però sono intercambiabili, che sembrano opposti solo perché speculari.

ANALISI DEL FILM

Il film è come la cronaca di una seduta di psico-analisi nella quale Alma è il paziente ed Elisabeth il dottore. E, come spesso accade, nei rapporti tra malato e paziente, ad un certo punto avviene quello che gli scienziati chiamano *transfert*: la condizione emotiva che caratterizza in modo problematico la relazione tra paziente e analista. Essa rappresenta la ripetizione, la messa in scena di una relazione antica, legata ad intense spinte libidiche. Pulsioni e sentimenti sempre di natura ambivalente (amore e odio) vissute nel passato (nei confronti di padre, madre, o fratelli) riattivate e attualizzate, che rappresentano, fondamentalmente, delle resistenze nel cammino terapeutico.

Il film *Persona* è grande cinema, capolavoro cinematografico, ma pur sempre cinema. E' lo stesso Bergman a suggerirci di vederlo come tale, come finzione, non come realtà, non come riproduzione della vita, proprio all'inizio del film, e ce lo ricorda a metà della visione e, ancora, alla fine della proiezione, quando la pellicola sembra prendere fuoco e autodistruggersi.

Lo fa proponendo una serie di immagini che rappresentano proprio il cinematografo: i carboni dell'arco voltaico di un proiettore; la pellicola che scorre; una sequenza del cinema muto; le mani di un bambino; il sacrificio di un agnello; la mano di Cristo inchiodata alla croce; la neve sporca; un bambino che cerca di aggrapparsi invano a un'immagine di donna irraggiungibile.

E ci avverte anche di leggere il film in diversi modi, fornendoci, per l'uso, diverse chiavi di lettura (tecnicaestetica; religiosa-spiritualistica; psicologica-psicanalitica) delle quali, però, l'una non esclude l'altra.

Ma, tutte insieme, fondendosi l'una nell'altra, in maniera propedeutica, in una sola complessa ed articolata lettura critica, si completano e si perfezionano.

La regista cattolica Liliana Cavani disse, all'epoca della prima uscita del film: "*Ho visto poche opere cinematografiche così nette. Il film è il risultato di un paziente lavoro di approfondimento e di rifinitura. E' uno di quei film che indicano ai registi vie nuove per tentare nuove possibilità di espressione*".

Il prologo, poi, allinea diversi espliciti riferimenti ad opere precedenti di Ingmar Bergman.

Ne ricordiamo almeno due, i più marchiani: *Prigione*[38], con la comica

---

38 *Fangelse*,1948.

alla Melies; *Il silenzio*[39]: con lo stesso bambino, che è uno dei tre protagonisti del film.

Oltre alla scenografia anche il *cast* del film è ridotto all'osso: gli attori sono solo cinque.

La giovane infermiera venticinquenne Alma, è interpretata da Bibi Anderson; Elisabeth Vogler.

L'attrice colpita dalla misteriosa afasia, è interpretata da Liv Ullman.

La dottoressa che, nelle scene iniziali del film, convoca Alma nel suo studio è interpretata da Margaretha Krook.

Il signor Vogler, marito di Elisabeth, è interpretato da Gunnar Bjornstrand.

Il ragazzo del prologo è interpretato da Jorgen Lindstrom[40].

Secondo alcuni critici *Persona* cambiò il modo di fare cinema.

---

39 *Tystnaden*, 1962.
40 Come detto in precedenza, lo stesso bambino che Bergman utilizza ne *Il silenzio*, nel ruolo del figlio di Anna.

Sin dalla sua uscita il film fu recepito come altamente sperimentale nelle tecniche cinematografiche che Bergman utilizzò per trasmettere il senso di incomunicabilità tipico della sua poetica.

Sperimentale soprattutto nello studio della luce e della fotografia, diretta magistralmente da Sven Nyqvist e sperimentale anche per la tecnica di montaggio, nuovo e, per certi versi, rivoluzionario, a cura di Ulla Righe.

Effettivamente è riscontrabile nell'analisi della cinematografia di Bergman quanto *Persona* rappresenti un'altra nuova soluzione al problema della rappresentazione dei drammi interiori umani e sociali, nel caso specifico una soluzione asettica, fredda, talvolta allucinata e comunque inedita all'interno del panorama artistico del cineasta svedese.

Il critico Tullio Kezich, ha sottolineato,

a suo tempo, che: "*Persona, è svolto come un teorema che a un certo punto si trasforma nell'operazione senza anestesia che il chirurgo svolge in presenza del pubblico*".

Sempre secondo Kezich: "*Bergman riduce all'osso le scenografie e gli artifici per indirizzare lo spettatore verso i personaggi, come un diabolico dominatore*". Proprio in questo aspetto trova adempimento l'intenzione sperimentalistica della pellicola, oscillando tra la nevrosi attiva e passiva dell'afasia e le soluzioni registiche brutalmente subliminali e psico-analitiche.

CONCLUSIONI

Persona fu girato a Faro, l'isola di Ingmar Bergman. E lo stesso Bergman affermò che questo suo film è quello che meglio ha rappresentato l'essenza del suo legame e della sua affezione per Faro.

"Resta emblematica, del certosino lavoro di preparazione di ogni singola immagine, una meravigliosa fotografia, peraltro molto famosa, scattata durante la lavorazione del film e pubblicata nel libro-diario Immagini, *che ritrae Sven Nyqvist e Ingmar Bergman in piedi, l'uno di fronte all'altro, in bilico sulla scogliera, col mare grigio sullo sfondo, compresi in una delle loro leggendarie discussioni.*[41]*"*

Come pure è rimasta nelle antologie

---

41 Salvatore M. Ruggiero, *Faro magica.*

del cinema la favolosa, prodigiosa, interminabile, carrellata laterale, lunga qualche centinaio di metri, sulla spiaggia rocciosa di Faro, nella quale le due protagoniste si rincorrono dopo un litigio.

"Persona mi ha salvato la vita. Non è un'esagerazione. Per la prima volta non mi preoccupai se il risultato avrebbe avuto un significato generale o no. Oggi sento che con Persona *– e più tardi con* Sussurri e grida *– sono giunto al massimo a cui posso arrivare, e che in tutta libertà tocco segreti senza parole, che solo la cinematografia può mettere in risalto."*[42]

Anche Olivier Assayas, critico e cineasta francese, nel suo libro *Conversazione con Ingmar Bergman*, scritto a quattro mani con l'altro regista

---

42   Ingmar Bergman, a proposito del suo film *Persona*, nel suo libro-diario, *Immagini*).

e critico cinematografico svedese Stig Bjorkman, afferma il medesimo concetto: *"Bergman con* Persona *è giunto al cuore del suo soggetto (...) Di aver definito un territorio del cinema completamente nuovo, interamente suo, che nulla deve al passato, nulla alle figure abusate della cinefilia: i sui volti, i suoi luoghi, le sue regole, più nulla per trattenerlo, per frenarlo, nell'esperienza estetica interamente autonoma, interamente singolare in cui si impegna - mollati tutti gli ormeggi - una delle più audaci e delle più ricche che il cinema abbia prodotto."*

Claudio Papini, altro eminente studioso del cinema di Ingmar Bergman, avanza una sua personale, peraltro condivisibile, teoria sul fondamento teoretico che è alla base del film *Persona: "L'attrice Elisabeth, essendo la sua professione il recitare, scopre che nel suo quotidiano artistico si svela l'essenza dell'intera vita umana. Il teatro e il cinema che sono sempre stati considerati un qualcosa di separato dalla vita e quindi, seppure apprezzati, un qualcosa di fondamentalmente illusorio (pur nella loro gradevole consistenza di specchi della vita) sono in realtà il senso della vita stessa che dunque è fondamentalmente illusione.[43] "*

---

43 Claudio Papini, *Ben ritrovato, Ernst Ingmar.*

NOTIZIE SUL FILM

Titolo originale	*Persona*
Lingua originale	Svedese
Paese di produzione	Svezia
Anno	1966
Durata	85 min
Colore	b/n
Audio	sonoro (AGA Sound System)
Genere	drammatico
Regia	Ingmar Bergman
Soggetto	Ingmar Bergman
Sceneggiatura	Ingmar Bergman
Produttore	Lars-Owe Carlberg
Casa di produzione	Svensk Filmindustri
Fotografia	Sven Nykvist
Montaggio	Ulla Ryghe
Musiche	Lars Johan Werle
Scenografia	Bibi Lindström
Costumi	Max Goldstein
Trucco	Börje Lundh, Tina Johansson

PERSONAGGI E INTERPRETI

Bibi Andersson: Alma, l'infermiera

Liv Ullmann: Elisabeth Vogler, l'attrice

Margaretha Krook: la dottoressa

Gunnar Bjornstrand: il signor Vogler

Jorgen Lindstrom: il ragazzo del prologo, figlio di Elisabeth

BIBLIOGRAFIA

Claudio Papini, *Ben ritrovato, Ernst Ingmar!*

Salvatore M. Ruggiero, *Faro magica.*

Ingmar Bergman, *Immagini.*

Ingmar Bergman, *Lanterna magica.*

Salvatore M. Ruggiero, *Il genio di Uppsala.*

Giovanni Invitto, *Fenomenologie e lessici del dubbio.*

Alberto Costa, *Ingmar Bergman.*

Massimo Maisetti, *Il volto, la maschera, il dubbio.*

INDICE